Luz inmortal

Luz inmortal

Consejos para una vida en familia

Shri Mata Amritanandamayi

Mata Amritanandamayi Center
San Ramon, CA 94583, Estados Unidos

Luz inmortal

Publicado por:
  Mata Amritanandamayi Center
  P.O. Box 613
  San Ramon, CA 94583
  Estados Unidos

Copyright © 2018 Mata Amritanandamayi Center, P.O. Box 613, San Ramon, CA 94583, Estados Unidos

Reservados todos los derechos. No se permite reproducir, almacenar en sistemas de recuperación de la información, ni transmitir, ni reproducir, ni transcribir o traducir alguna parte de esta publicación, cualquiera que sea el medio empleado – electrónico, mecánico, fotocopia, grabación, etc – sin el permiso previo de los titulares de los derechos de la propiedad intelectual.

Dirección en España:
  www.amma-spain.org
  fundacion@amma-spain.org

En la India:
  www.amritapuri.org
  inform@amritapuri.org

Índice

Prólogo	7
Queridos hijos	11
La vida espiritual	19
Árchana	36
Mantra japa	44
El templo	49
El maestro espiritual	58
El servicio	62
Karma yoga	67
Sátsang	72
El hogar	74
Un estilo de vida sencillo	82
La comida	85
La vida conyugal	95
La crianza de los hijos	101
Vanaprastha	108
Miscelánea	110
Glosario	117

Pide con un corazón sincero:
Dios, déjame recordarte constantemente
durante todo el día.
Que todos mis pensamientos,
palabras y acciones me acerquen más a Ti.
Que no hiera a nadie en pensamiento,
palabra u obra.
Permanece conmigo en todo momento.

Amma

Prólogo

Hay una Verdad Eterna, que permanece inmutable a lo largo del tiempo. Comprender esa Verdad es la meta de la vida humana. De vez en cuando, aparecen entre nosotros grandes almas para llevarnos de la mano y guiarnos hacia esa Verdad. Agregando la dulzura de sus propias experiencias, esas grandes almas nos trasmiten el mensaje de las escrituras en un estilo que se adapta a la época y a la cultura en la que nacen.

La gente de hoy se ahoga en el mar del *samsara*[1] [el ciclo del nacimiento, la muerte y el renacimiento]. Las palabras de la Madre

---

[1] Hay que pronunciar las palabras indias como en castellano, con las siguientes excepciones: La letra *sh* suena como en inglés (*shock*). La letra *j*, también como en inglés (*John*). La letra *h* siempre aspirada, como en inglés (*house*), nunca muda como en español. La letra *r* siempre suave, como en cara, no fuerte como en rosa, aunque vaya a principio de palabra (N. de la t.).

les muestran cómo llegar a la orilla y saborear el néctar de la dicha eterna. Sus palabras son luces infalibles que guían el regreso a la luz del ser interior a aquellos que andan a tientas en la oscuridad de la vida materialista.

Mirad nuestra vida: no solo nos hemos olvidado de la meta suprema de la vida, sino que también hemos perdido las condiciones que se necesitan para adquirir el conocimiento verdadero. Para que la sociedad actual, que ha perdido la espiritualidad, vuelva a despertar, es esencial reformular las normas de la vida familiar y establecer pautas que nos lleven a comprender la Verdad Suprema.

A los que aplican los consejos de la Madre a su vida no les hace falta alejarse para buscar la felicidad. La felicidad los buscará a ellos. La Madre, con su amorosa sabiduría, les ha dado a sus hijos pautas sencillas para llevar una vida familiar feliz y que tenga sentido, en la cual la

Prólogo

práctica espiritual, el servicio a los demás y la entrega a Dios es una parte fundamental.

La lámpara que la Madre enciende en el santuario interior de nuestro corazón seguirá brillando intensamente y se expandirá sin límite si cada día le agregamos el aceite de la práctica espiritual. Pidámosle a la Madre que nos ayude a poner nuestro granito de arena para traer la luz a esta época que está envuelta en la oscuridad.

Queridos hijos

El cuerpo no es eterno. Puede perecer en cualquier momento. Nacemos como seres humanos después de haber vivido innumerables vidas. Si desaprovechamos esta valiosa vida viviendo como animales y llevando una existencia mundana, podríamos bajar en la escala de la evolución y nacer de nuevo como animales antes de conseguir otro nacimiento humano. Actualmente, la mente de las personas está llena de incontables deseos; pero, por mucho que se esfuercen en cumplir esos deseos, al final no los podrán satisfacer. La gente pierde el tiempo lamentándose constantemente de sus fracasos. Por eso, pierden la paz mental y la salud. Lo que necesitamos es paz mental. Esa es la mayor riqueza.

Hijos míos, no penséis que lograreis paz mental con la riqueza material. ¿No es cierto que hasta los que viven en casas con aire acondicionado acaban suicidándose en esas mismas viviendas? En Occidente existe una gran riqueza material y toda clase de comodidades físicas; aun así, las personas no experimentan ni un momento de verdadera paz. La felicidad y la tristeza dependen de nuestra mente y no de las cosas externas. El cielo y el infierno existen aquí en la tierra. Si comprendemos el lugar correcto que cada objeto debe tener en nuestra vida, y vivimos en consecuencia, no habrá motivo por el que sufrir. El conocimiento que nos enseña a vivir en la tierra, teniendo una vida plena pese a todos los obstáculos, es el conocimiento espiritual, que es el conocimiento sobre el dominio de la mente. Eso es lo que tenemos que conseguir por encima de todo lo demás. Cuando somos conscientes del lado bueno y malo de las cosas, podemos elegir el camino que nos lleva a la felicidad eterna. Solo esforzándonos para alcanzar el conocimiento del Ser podremos disfrutar de la dicha eterna.

No penséis que vuestros seres queridos estarán con vosotros siempre. Como mucho estarán con vosotros hasta el momento de la muerte. Comprended que la vida no se acaba después de pasar sesenta u ochenta años en este cuerpo. Os quedan muchas más vidas que vivir. Igual que ahorráis dinero en el banco para cubrir vuestras necesidades materiales, debéis acumular riqueza eterna mientras estáis física y mentalmente en buena forma. Lo podéis hacer recitando los nombres de Dios y realizando acciones virtuosas.

Si una persona hace cien cosas buenas y comete un solo error, la gente la desprecia y la rechaza; pero si una persona comete cien errores y hace una sola cosa buena, Dios la ama y la acepta. Por tanto, átate solo a Dios. Dedícale todo a Dios.

Cuando los hijos de una familia son adultos, están casados y son capaces de cuidarse a sí mismos, los padres deben vivir solo para conocer a Dios, entregados al servicio desinteresado y la práctica espiritual. Si fuera posible, los padres deberían pasar el resto de su vida en un áshram. Ni ellos ni su familia se beneficiarán si siguen preocupándose de sus hijos adultos. Por el contrario, si dedican sus días a una búsqueda espiritual sincera, muchas generaciones de la familia, pasadas y presentes, se beneficiarán.

Hijos míos, rezadle a Dios con una actitud de entrega total y vivid con el único objetivo de conocer a Dios. Si os refugiáis en Dios recibiréis todo lo que necesitáis, no os faltará de nada. Si entabláis amistad con el despensero de la cocina del palacio, podréis recibir una calabaza; pero si complacéis al propio rey, toda la riqueza del tesoro real será vuestra. Si tenéis leche, también podréis tener yogur, suero de leche y mantequilla. Del mismo modo, si os

Queridos hijos

refugiáis en Dios, Él cuidará tanto de vuestras necesidades espirituales como de las materiales. La devoción a Dios os traerá prosperidad a vosotros y a vuestra familia, así como a la sociedad.

Hijos míos, en la vida debe haber orden y disciplina. Solo entonces podremos disfrutar de la dicha que está en nuestro interior en lugar de depender de las cosas externas. ¡Pensad en lo mucho que la gente tiene que trabajar para aprobar un examen o conseguir un trabajo! Sin embargo, ¿quién intenta verdaderamente conocerse a sí mismo para lograr la experiencia de la dicha eterna? Al menos, habría que dedicarle a ese objetivo todo el tiempo que nos queda de existencia terrenal. Recitad vuestro mantra constantemente. Realizad vuestra práctica espiritual todos los días en soledad y a la misma hora. Id a un áshram de vez en cuando y pasad allí algún tiempo meditando en silencio y repitiendo vuestro mantra. Haced todo el servicio desinteresado por el bien del mundo que podáis según vuestro tiempo y circunstancias.

La existencia del mundo está basada en el amor. Si perdemos nuestra armonía y capacidad de amar, la naturaleza perderá también su armonía, la atmósfera se contaminará y ya no será posible que las semillas broten ni que los árboles, las plantas y los animales crezcan como deben. Se perderán cosechas, habrá muchísimas más enfermedades, menos lluvias y más sequías. Por eso, hijos míos, amaos los unos a los otros. Sed justos, amorosos y virtuosos por el bien de la naturaleza. Eso hará que haya armonía en la naturaleza. Ved lo que hay de bueno en cada uno. No tengáis rencor o envidia de nadie y nunca habléis mal de los demás. Pensad que todos son hijos de la misma Madre Universal y amad a todas las personas como hermanas o hermanos vuestros.

Queridos hijos

Entregadle todas las acciones a Dios y dejad que la voluntad de Dios prevalezca en todo.

Si alguien pone en duda la pertinencia de vuestro estilo de vida espiritual, podéis responder: «¿No deseamos todos experimentar paz y felicidad? Yo he visto que la paz y la felicidad se pueden lograr llevando una vida espiritual. Así que, ¿por qué cuestionas mis valores? ¿No buscas tú también la felicidad en todas partes? ¡Mira cuánto dinero te gastas en lujos, estupefacientes y cosas que realmente no necesitas! Entonces, ¿por qué te molesta que vaya a un áshram o me interese por los temas espirituales?» Tenéis que adquirir la fortaleza para hablar abiertamente de esa manera. No seáis tímidos. ¡Sed valientes! Dedicad vuestra vida a alimentar nuestra gran herencia espiritual.

No hay que avergonzarse de llevar una vida espiritual. Sed sinceros y decid: «He elegido esta vida para lograr la paz espiritual. Generalmente, las personas intentan encontrar la paz y la felicidad comprándose una casa, casándose o trabajando en distintas cosas. Yo encuentro la paz y la felicidad en el camino espiritual. Mi meta es alcanzar la paz mental y la satisfacción, no el cielo o la liberación después de la muerte. Por cierto, ¿te permite tu forma de vida sentirte feliz y en paz?

Hijos míos, cuando os subís a un barco o un autobús no hace falta que sigáis cargando lo que lleváis. Dejad el equipaje en el suelo. Entregadle todo a Dios. Si vivís con una actitud de entrega, estaréis libres de sufrimiento. Dios os cuidará y os protegerá siempre.

Amma

La vida espiritual

Todos deben intentar despertarse antes de las cinco de la mañana. El momento ideal para realizar prácticas espirituales, como la meditación y el recitado de mantras, es el *brahma muhurta*, el período entre las tres y las seis de la madrugada. En ese tiempo, las cualidades *sáttvicas*[1] [puras, serenas]I predominan en la naturaleza. La mente está clara y el cuerpo vigoroso. No es bueno seguir durmiendo después del amanecer. No os quedéis en la cama al despertaros, porque aumenta la pereza y el embotamiento. Aquellos que no puedan reducir inmediatamente el número de horas que duermen, pueden hacerlo gradualmente. Una persona que realiza prácticas espirituales con regularidad le hace falta dormir mucho.

---

[1] Véase *sattua* en el glosario

Cuando os despertéis por la mañana debéis levantaros por el lado derecho. Imaginad que vuestra Deidad Amada o vuestro maestro espiritual está de pie ante vosotros y postraros a sus pies. Después podéis sentaros en la cama y meditar al menos cinco minutos. Pedid con un corazón sincero: «Dios, permíteme recordarte constantemente a lo largo del día. Que todos mis pensamientos, palabras y acciones me acerquen más a Ti. Que no hiera a nadie de pensamiento, palabra u obra. Permanece conmigo en todo momento».

Dedicad al menos una hora diaria a la práctica espiritual. Por la mañana, cuando todos se hayan duchado, la familia entera debe sentarse junta a adorar a Dios. Podéis empezar el árchana [recitación de los Nombres Divinos] meditando en vuestro maestro espiritual y recitando los nombres que lo glorifican. Después,

La vida espiritual

recitad los ciento ocho nombres o los mil nombres de la Madre Divina o de vuestra Deidad Amada. En ese momento también podéis recitar vuestro mantra, meditar y cantar himnos.

Hagáis lo que hagáis después del árchana, intentad siempre mantener vivo el pensamiento de Dios. Cada vez que os sentéis u os levantéis, postraros en el suelo. Es bueno cultivar el hábito de pensar que el bolígrafo, los libros, la ropa, los envases y las herramientas de trabajo están llenos de Presencia Divina y, en consecuencia, utilizar todo con cuidado y respeto. Tocad cada objeto con veneración antes de tomarlo. Eso os ayudará a mantener el recuerdo constante de Dios. Cuando otros observen vuestras acciones, también se sentirán inspirados a seguir esta práctica.

Cuando nos encontremos debemos saludarnos con palabras que nos recuerden a Dios, como *Om Namah Shivaya*, *Hari Om* o *Jai Ma*. Enseñad a los niños a hacerlo también. *Om Namah Shivaya* significa «saludo al Propicio». Cuando levantamos la mano y decimos «adiós», indicamos que estamos a punto de separarnos del otro, mientras que cuando unimos las palmas y hacemos *pranam* [nos inclinamos], nuestros corazones se acercan más.

Aprovechad todo el tiempo que tengáis en la oficina y otros lugares para recitar vuestro mantra o leer libros espirituales. Evitad las charlas innecesarias e intentad hablar con los demás de temas espirituales. Manteneos alejados de las malas compañías a toda costa.

La vida espiritual

Cualquiera que lleve un control de su alimentación, medite y recite un mantra con regularidad acabará consiguiendo la fortaleza necesaria para practicar el celibato. En algunas etapas de la práctica espiritual, las tendencias innatas pueden reavivarse y provocar un intenso despertar de los deseos mundanos. Si sucediera en algún momento, pedid consejo a vuestro maestro espiritual. Refugiaos en Dios y no tengáis miedo. Limitaos a hacer lo que podáis y practicad todo el autocontrol que sea posible.

Es una buena costumbre escribir en un diario preferiblemente antes de acostarse. En el diario podéis anotar cuánto tiempo habéis dedicado a la práctica espiritual cada día. Escribid el diario de manera que os ayude a ver vuestros errores. Después, esforzaos para no repetirlos. El diario no debe ser solo un documento sobre los defectos de los demás o sobre vuestras actividades diarias.

Por la noche, justo antes de iros a dormir, sentaos en la cama y meditad al menos cinco minutos, y después postraos ante vuestra Deidad Amada o vuestro maestro espiritual. Al hacerlo podéis imaginar que estáis tomando firmemente los pies de vuestra Deidad Amada y rezar de corazón: «Por favor, Dios, perdona todos los errores que he cometido hoy, a sabiendas o no, y dame la fortaleza que necesito para no repetirlos».

Después, imaginad que estáis tumbados con la cabeza sobre el regazo o los pies de vuestra Deidad Amada o vuestro maestro, o podéis imaginar que la Deidad está sentada a vuestro lado. Deslizaos hacia el estado de sueño mientras recitáis mentalmente vuestro mantra. Al hacerlo, la conciencia del mantra permanecerá ininterrumpida durante el sueño. Enseñad a vuestros hijos a adquirir ese hábito. También hay que enseñarles a levantarse a una hora fija.

Practicar el silencio durante dos horas es muy beneficioso. Si también podéis estar en silencio un día a la semana, favorecerá mucho vuestro progreso espiritual. Quizás os preguntéis: «Pero, ¿no está la mente ocupada con innumerables pensamientos incluso cuando estamos en silencio exteriormente?» Pensad en el agua contenida en un embalse. Aunque haya oleaje, no se perderá nada. Igualmente, cuando estáis en silencio, cualquier pérdida de energía será mínima, aunque los pensamientos continúen. Perdemos mucha fuerza vital hablando. La vida de una paloma, que siempre está arrullando, dura poco, mientras que la silenciosa tortuga vive mucho tiempo. La recitación de los nombres de Dios no es un obstáculo para el voto de silencio. Practicar *máunam* [silencio] consiste en evitar todos los pensamientos y conversaciones mundanos.

Un aspirante espiritual no tiene tiempo para al cotilleo, ni desea hablarle a nadie de manera desagradable. Los que siempre se complacen en criticar no progresarán espiritualmente. No hagáis daño a nadie de pensamiento, palabra u obra. Sed compasivos con todos los seres. *Ahimsa* [la no violencia] es la forma más elevada de *dharma* [virtud].

Mostrad veneración a todos los grandes maestros y todos los *sannyasis* [monjes]. Si van a vuestra casa, recibidlos con el debido respeto. No basta con los rituales tradicionales, y ciertamente tampoco la suntuosidad y la apariencia

La vida espiritual

para recibir sus bendiciones. Hace falta humildad, fe y devoción.

No escuchéis a los que hablan mal de los maestros espirituales o los *mahatmas* [grandes almas]. Nunca escuchéis o participéis en conversaciones despectivas sobre nadie. Cuando albergáis pensamientos negativos sobre los demás, vuestra mente se vuelve impura.

Reservad algo de tiempo cada día para leer libros espirituales, porque eso también es una forma de *sátsang* [compañía santa]. Tened a mano para la lectura diaria un libro sobre las enseñanzas de vuestro maestro o un libro como la *Bhágavad Guita*, el *Ramáyana*, la *Biblia* o el *Corán*. Memorizad al menos una estrofa cada día. También debéis leer otros libros espirituales cuando tengáis tiempo. Leer las biografías y las enseñanzas de los grandes maestros os ayudará a fortalecer vuestro espíritu de renuncia y a entender fácilmente los principios espirituales. Tomar notas mientras se leen libros o se escuchan discursos espirituales es una buena práctica. Esas notas os beneficiarán más adelante.

Hijos míos, rezad por el bien de todo el mundo. Pedidle a Dios que bendiga a aquellos que quieran haceros daño y que los vuelva mejores. Es difícil dormir tranquilamente si hay un ladrón en el vecindario. Cuando rezáis por el bien de los demás, sois vosotros los que de ese modo conseguís paz mental. Recitad el mantra *Om lokaha samastaha sukhinó bhavantú* [que todo el mundo sea feliz] todos los días por la paz del mundo.

La vida espiritual

Que vuestra vida esté firmemente establecida en la verdad. Absteneos de decir mentiras. En este *kali yuga* [era de la oscuridad], la mayor austeridad es ser fieles a la verdad. Quizás tengáis que decir una mentira de vez en cuando para proteger a alguien o mantener el *dharma*, pero tened cuidado de no decir mentiras por vuestros propios fines egoístas.

Vuestro corazón es un santuario, y ahí es donde hay que instalar a Dios. Los buenos pensamientos son las flores que le ofrecéis a Dios; las buenas acciones son el culto; las palabras bondadosas son los himnos; y el amor es la ofrenda de alimento sagrado.

No basta con sentarse a meditar con los ojos cerrados. Realizad vuestras acciones con una actitud de adoración. Debéis ser capaces de experimentar la presencia de Dios en todas partes. Esa es la verdadera meditación.

Utilizad juiciosamente la radio, la televisión y las películas. Ved o escuchad solo aquellos programas que vayan a mejorar vuestro conocimiento y vuestra conciencia de la cultura. La televisión es *tele-vísham* [*vísham* significa «veneno» en malayálam]. Si no tenemos cuidado, corromperá nuestra cultura, perderemos el tiempo y además también nos dañará los ojos.

Lo que la gente necesita es paz mental. Eso solo puede lograrse mediante el control de la mente.

Debemos perdonar y olvidar los defectos de los demás. La ira es el enemigo de todos los aspirantes espirituales. La ira produce perdida

La vida espiritual

---

de energía por cada poro del cuerpo. Siempre que la mente esté tentada a enojarse hay que controlarla y, con una firme resolución, decir: «¡No!». Después debemos retirarnos a un lugar apartado y recitar nuestro mantra. De esa manera la mente se calmará por sí misma.

Los que no están casados deben conservar su energía vital siendo célibes. Hay que realizar prácticas espirituales para transformar en *ojas* [una forma más sutil de energía vital] la energía que se obtiene de esta forma. Cuando *ojas* aumenta, también aumentarán tu inteligencia, tu memoria, tu salud y tu belleza y la mente experimentará una felicidad constante.

No es posible avanzar sin disciplina. Una nación, una institución, una familia o un individuo solo pueden avanzar prestando atención a las palabras de quienes merecen respeto y obedeciendo las reglas y las normas adecuadas. La obediencia no es una debilidad. La obediencia y la humildad llevan a la disciplina.

Una semilla tiene que hundirse profundamente en la tierra para que su potencial de planta se manifieste. Solo podemos crecer con modestia y humildad. El orgullo y la arrogancia solo servirán para destruirnos. Sed amorosos y compasivos, con la actitud firme de ser el servidor de todos. Entonces el universo entero se postrará ante vosotros.

¿Qué sentido tiene la vida si no podemos dedicar al menos una hora de las veinticuatro que tiene el día a pensar en Dios? ¡Pensad cuántas horas pasáis viendo la televisión, leyendo el periódico, charlando y con otras cosas inútiles!

La vida espiritual

Hijos míos, seguro que podéis dedicar una hora al día a vuestra práctica espiritual si realmente queréis. Debéis considerar ese tiempo el más valioso del día. Si no podéis disponer de una hora entera seguida, reservad media hora por la mañana y media hora por la tarde.

La meditación aumenta la vitalidad y fortalece la inteligencia, realza la belleza, mejora la claridad mental y la salud. Con ella se adquieren la paciencia y la fortaleza que hacen falta para afrontar cualquier problema de la vida. ¡Así que meditad! Solo mediante la meditación encontraréis el tesoro que estáis buscando.

La práctica diaria de *suryanamaskara* [el saludo al sol] y otras posturas de yoga es muy buena para la salud y la práctica espiritual. Muchas de las enfermedades de nuestra época se deben a la falta de ejercicio adecuado. Siempre que sea posible, caminad en lugar de ir en coche o autobús. Es un buen ejercicio. Solo debéis usar un vehículo si tenéis que ir lejos. Id en bicicleta siempre que sea posible. De esa manera también ahorraréis dinero.

Hijos míos, id a orfanatos, hospitales y hogares pobres de vez en cuando. Visitad a personas pobres, enfermas y necesitadas. Llevad a vuestra familia con vosotros. Ofreced ayuda a los que lo necesiten y ocupaos de su bienestar. Una palabra dicha con amor e interés consuela más a los que sufren que cualquier cantidad de dinero, y vuestro corazón también crecerá.

Intentad pasar al menos dos o tres días al mes en un áshram. Solo de respirar ese aire puro vuestro cuerpo y vuestra mente se fortalecerán y se purificarán. Las baterías se recargarán tanto que querréis seguir repitiendo vuestro mantra y meditando incluso al volver a casa.

El amor debe ser la base de todas las costumbres y rituales. La mera acción desprovista de una actitud correcta es inútil. Hay que hacerlo todo con humildad, devoción y una motivación pura. Para adquirir verdadera disciplina, hay que ser humilde y obediente. La humildad y la obediencia son como la grasa de una máquina. Si una máquina se utiliza sin lubricar, se estropea.

Árchana

Recitar el Nombre Divino

Por la mañana, después de ducharse, la familia debe reunirse para hacer el árchana. Si no es posible que estén todos juntos, bastará con el árchana individual. Si las circunstancias no os permiten daros una ducha al menos lavaos las manos y la cara. Pero nunca interrumpáis la práctica diaria del árchana.

Algunas mujeres tienen más pensamientos negativos cuando tienen el período. Por eso, es más necesario recitar el mantra en esos momentos. En la India, es costumbre que las mujeres no participen en el culto colectivo durante su periodo. Pueden sentase aparte y recitar el mantra o hacer el árchana individualmente. Hay quien cree que las mujeres no deben recitar los mil nombres de la Madre Divina [el *Lálita Sahasranama*] durante ese momento, pero la Madre os asegura que ninguna mujer comete un error al hacerlo. A la Madre Divina solo le interesa el lenguaje del corazón.

En la medida de lo posible, nadie debe estar durmiendo en casa durante el árchana. Si os sentís somnolientos durante la adoración, poneos de pie y seguid. No olvidéis que vuestra Deidad Amada está presente de forma sutil mientras se está realizando el árchana. No está bien levantarse e irse o hablar de otras cosas durante la recitación.

Puede ayudaros poner una imagen de vuestra Deidad Amada delante de vosotros durante el árchana. Meditad cinco minutos antes de empezar la adoración. Visualizad a vuestra

Deidad Amada claramente de la cabeza a los pies y después otra vez de los pies a la cabeza. Podéis imaginaros que la Deidad sale del loto de vuestro corazón y se sienta en un asiento especial delante de vosotros. Mientras recitáis cada mantra, imaginad que estáis ofreciendo flores a los pies sagrados de la Deidad. Visualizad un árbol en plena floración en vuestro corazón e imaginad que recogéis flores blancas de ese árbol y se las ofrecéis a la Deidad. Cuando no tengáis pétalos reales, podéis hacer el árchana con esas flores mentales del corazón. Esas flores, ofrecidas con devoción, son las que más aprecia Dios. Las flores del corazón son nuestra humildad, devoción y actitud de entrega.

Lo que debemos ofrecerle a Dios es aquello a lo que estemos más apegados, lo que nos resulte más valioso. ¿No le da una madre solo lo mejor a sus hijos?

Realizar un *pranayama* [ejercicio de respiración] sencillo antes del árchana nos ayuda a mejorar la concentración. Sentaos erguidos, tapad la fosa nasal derecha e inspirad por la fosa nasal izquierda. Después tapad la fosa nasal izquierda y exhalad por la derecha. Después inspirad por la derecha y exhalad por la izquierda. Esa es una vuelta de *pranayama*. Podéis hacer tres vueltas. Mientras inspiráis, imaginad que os estáis llenando de cualidades buenas. Mientras exhaláis, imaginad que todas vuestras cualidades indeseables, malos pensamientos y *vásanas* [tendencias innatas] negativas están saliendo de vosotros en forma de oscuridad.

En lugar de flores durante el árchana se puede usar ákshata de ofrenda: cereal integral o arroz sin descascarillar lavado y secado, mezclado con una pizca de polvo de cúrcuma. Después del árchana se puede recoger y cocinarse con arroz u otros cereales.

Cuando recitéis el árchana en grupo, una persona puede recitar los mantras, de uno en uno, mientras los demás los repiten. Recitad cada mantra lentamente, con claridad y devoción. Al principio, quizá no todos puedan repetir claramente cada mantra del *Lálita Sahasranama*. En ese caso se puede responder a los nombres con un solo mantra. Mientras se recita el *Lálita Sahasranama*, la *respuesta puede ser Om Parashaktiéi namahá u Om Shivashaktiaikia rupiniéi namahá*[2].

---

[2] Mientras se realiza el árchana recitando los ciento ocho Nombres de la Madre, la respuesta puede ser «*Om Amriteshuariéi namahá*».

Árchana

Cuando hayáis terminado el árchana no os levantéis inmediatamente. Traed mentalmente de nuevo a vuestra Deidad Amada desde el asiento en el que estaba, delante de vosotros, y volved a instalarla en el corazón. Visualizad la forma de la Deidad sentada en vuestro corazón y meditad un ratito. Si es posible, es bueno cantar dos o tres *kirtans* [himnos]. Cuando a un paciente se le pone una inyección, se le suele pedir que descanse unos minutos para que el medicamento se extienda por todo el cuerpo. Del mismo modo, para obtener todo el beneficio de los mantras que habéis recitado, debéis mantener la mente en calma un rato después de haber terminado la adoración.

Postraos al final del árchana. Después, levantaos y, sin moveros de ese lugar, girad sobre vuestro eje tres veces hacia la derecha. Postraos de nuevo y después sentaos y meditad un tiempo.

Los pétalos que se han usado para el árchana pueden ponerse debajo de una planta de albahaca o cualquier otra planta sagrada, o tirarse a un río, o enterrarse en algún lugar del patio o jardín donde no se pisen.

Si recitáis los mil nombres de la Madre Divina con devoción todos los días, progresaréis espiritualmente. En una familia que recita el *Lálita Sahasranama* con devoción, nunca faltará comida, cobijo ni ninguna de las cosas necesarias en la vida.

Pensad que cada nombre que recitáis durante el árchana es el nombre de vuestra Deidad Amada. Imaginad que aparece en todas las diferentes formas. Si vuestra Deidad Amada es Krishna, cuando recitéis los nombres de la Madre Divina imaginad que Krishna ha venido ante vosotros en la forma de Devi. No penséis que a Krishna le desagrada que recitéis los nombres de la Madre Divina. Esas diferencias solo existen para vosotros, no para Dios.

Mantra japa

La repetición de un mantra

En la actual era oscura del materialismo, la repetición constante de un mantra es la forma más fácil de conseguir purificación interior y concentración. Podéis recitar vuestro mantra en cualquier momento, en cualquier lugar, sin tener que cumplir ninguna regla para la pureza del cuerpo o la mente. Se puede recitar mientras estáis realizando cualquier tarea.

Hay que practicar *mantra japa* y meditación diariamente sin excepción. El *mantra* solo da fruto si se recita con regularidad. Un agricultor no puede recoger una cosecha simplemente leyendo libros de agricultura; tiene que trasladar el conocimiento a la acción. Solo con su trabajo obtendrá una cosecha.

Mantra japa

Decidir recitar el *mantra* un determinado número de veces al día favorece el hábito del *mantra*. Utilizar una *mala* [rosario) mientras se repite el *mantra* también ayuda. Una *mala* puede estar formada por ciento ocho, cincuenta y cuatro, veintisiete o dieciocho cuentas de *rudraksha*, *túlasi*, madera de sándalo, vidrio o piedras preciosas, donde una cuenta es *meru* [principal]. Tomad la resolución de recitar un determinado número de *mantras* todos los días. Debéis intentar recitar el *mantra* mentalmente siempre que estéis despiertos, incluso cuando trabajéis y viajéis. Siempre es aconsejable recibir el *mantra* de un *sátguru* [un maestro instalado en el Ser]. Hasta entonces, podéis utilizar uno de los *mantras* de vuestra Deidad Amada, por ejemplo *Om nama Shivaya, Om namo Naráyanaya, Hare Rama Hare Rama Rama Rama Hare Hare, Hari Om, Om Parashaktiéi namahá, Om Shivashaktiaikia*

rupiniéi namahá, So'ham o los nombres de Cristo, Alá o Buda.

Intentad no interrumpir la recitación ni un instante. Seguid repitiendo el *mantra* hagáis lo que hagáis. Al principio puede resultaros difícil repetir el *mantra* mentalmente, así que recitadlo en voz baja moviendo los labios constantemente, como un pez bebiendo agua. Si seguís recitando el *mantra*, no entablaréis ninguna conversación inútil mientras estáis trabajando y vuestra mente siempre estará en paz. Las enfermedades modernas son principalmente psicosomáticas. El *mantra japa* hará que tanto el cuerpo como la mente se mantengan sanos.

Si os resulta imposible repetir el *mantra* mientras hacéis una determinada tarea, rezad antes de empezar el trabajo: «Dios, por favor, bendíceme para que pueda hacer este trabajo de una manera que te complazca». Cuando el trabajo esté terminado, rezadle de nuevo a Dios pidiéndole que os perdone cualquier error que podáis haber cometido.

Pensad lo desesperadamente que buscaríais vuestro dinero si lo perdieras mientras viajáis. De la misma manera, debe resultaros doloroso no poder recitar el *mantra* aunque solo sea un instante. Debéis estar afligidos y rezar: «¡Oh Dios mío, he perdido mucho tiempo!» Si sentís ese apremio y angustia, seréis capaces de compensar el tiempo que hayáis perdido.

Es una buena práctica escribir a diario al menos una página de vuestro *mantra*. Muchas personas se concentran mejor escribiendo que recitando. Intentad también inculcar a los niños el hábito de recitar y escribir claramente un *mantra*, lo que también les ayudará a mejorar su caligrafía. No hay que tratar descuidadamente el libro en el que se escribe el *mantra*. Hay que guardarlo cuidadosamente en la sala de meditación culto.

El templo

El templo es un lugar donde se nutre el recuerdo de Dios, al menos temporalmente, incluso en aquellos que llevan una vida mayoritariamente mundana. Sin embargo, no hay que atarse a los rituales del templo hasta el final de la vida. No basta con visitar un templo. Hay que intentar mantener la mente centrada en Dios todo el día, dedicando un tiempo fijo al *mantra japa* y la meditación. Una vida enteramente dedicada al culto en el templo no nos servirá de nada si no instalamos firmemente a Dios en el corazón.

No vayáis con las manos vacías a un templo o a ver a un maestro espiritual. Ofreced algo como símbolo de vuestra entrega, aunque solo sea una flor.

Hay una gran diferencia entre ofrecer una guirnalda de flores que se ha comprado en una tienda y ofrecer una guirnalda hecha con flores de vuestro propio jardín. Cuando plantáis flores con esa finalidad, las regáis, las recogéis, hacéis la guirnalda y la lleváis al templo estaréis pensando solo en Dios. Dios acepta cualquier cosa que se Le ofrezca con amor. Cuando compramos una guirnalda en una tienda y se la ponemos a una Deidad, solo es un acto ceremonial. Por el contrario, una guirnalda hecha en casa es una ofrenda de amor y devoción puros.

Cuando vayáis al templo, no os apresuréis para recibir el *darshan* [ver a la Deidad]. No os limitéis a hacer la ofrenda y volváis rápidamente a casa. Debéis quedaros allí silenciosa y pacientemente algún tiempo intentando visualizar a

El templo

vuestra Deidad Amada en vuestro corazón. Si es posible, sentaos a meditar. Con cada paso que deis acordaos de recitar vuestro mantra. La Madre no dice que el culto y las ofrendas no sean necesarias, pero, de todas las cosas que le podéis dar a Dios, la que Dios más aprecia es la ofrenda de vuestro corazón.

Las ofrendas se dan en el templo o se ponen a los pies del maestro espiritual no porque Dios o el maestro necesiten riqueza u otra cosa. La verdadera ofrenda es el acto de entregar la propia mente e intelecto. ¿Cómo se hace? No podéis entregar vuestra mente como tal, solo podéis ofrecer aquello a lo que vuestra mente está apegada. Hoy vuestra mente puede estar muy apegada al dinero o a otros objetos mundanos. Entregándole esas cosas a Dios, le estáis ofreciendo vuestro corazón. Ese es el principio que explica el significado de hacer donativos.

Algunos creen que el Señor Shiva solo se encuentra en Varanasi y que el Señor Krishna solo está en Vrindavan. No penséis que Dios está confinado entre las cuatro paredes de un templo o en un determinado lugar. Es omnipresente y omnipotente. Puede adoptar cualquier forma que elija. Debéis ser capaces de ver a vuestra Deidad Amada en todo. La verdadera devoción es la capacidad de percibir a la Deidad no solo en el templo, sino en todos los seres vivos, y, en consecuencia, servir a todos. Si vuestra Deidad Amada es Krishna, debéis ser capaces de ver a Krishna en todas partes, en todos los templos, aunque sea un templo de Shiva o un templo de Devi. Hijos míos, no penséis que Shiva se enfadará si no lo adoráis en un templo de Shiva, o que la Madre Divina os negará sus bendiciones si no la adoráis en un templo de Devi. A la misma persona su esposa la llama «marido», su hijo «padre» y su

El templo

hermana «hermano». Quizás os preguntéis: «¿Responderá Késhava si lo llamamos Mádhava?»[3] Pero en este caso no estáis llamando a un individuo cualquiera. Os estáis dirigiendo al Señor omnisciente. Una persona no cambia cuando se la llama con diferentes nombres. De la misma manera, todos los nombres divinos son los nombres del Único Ser Supremo. Él conoce vuestra mente y sabe que lo estáis llamando, lo hagáis con el nombre que lo hagáis.

Podéis ir al templo, caminar con veneración alrededor del sanctasanctórum y depositar vuestra ofrenda en la caja de los donativos; pero si al salir le increpáis al mendigo de la puerta, ¿dónde está vuestra devoción? Nuestro deber con Dios es ser compasivos con los pobres. La Madre no está diciendo que debáis darles

---

[3] Késhava y Mádhava son dos de los muchos nombres de Krishna.

dinero a todos los mendigos un templo, pero no los menospreciéis. Rezad por ellos. Siempre que sentís aversión por alguien, vuestra mente se vuelve impura. Amad a todos por igual: eso es Dios.

Los festivales de los templos se celebran para favorecer el despertar espiritual y cultural de la gente. Actualmente, los programas de los festivales de los templos raramente sirven para eso. Los programas que se celebran en las instalaciones de los templos deben nutrir la espiritualidad de las personas. La atmosfera del templo debe vibrar con la recitación de los nombres divinos. Cuando entramos en el patio del templo debemos poner fin a toda conversación inútil. Debemos enfocar la mente completamente en Dios. Los cabeza de familia tienen la responsabilidad de hacer todo lo posible para restaurar la santidad de los templos.

El templo

Quienes se preocupan de su herencia espiritual deben trabajar de cerca con las comisiones de los templos para encontrar una solución a la lamentable situación actual.

Muchos sacerdotes y otros empleados de los templos trabajan a cambio de un salario. No juzguéis nunca toda la religión por los defectos de esas personas. Nuestra responsabilidad es crear la atmosfera adecuada para que nadie sienta la tentación de recurrir a medios inmorales. Quienes se entregan al servicio desinteresado mientras dedican su vida a alcanzar el estado final de unidad con Dios son los verdaderos referentes de la religión.

Los seres humanos son los que infunden el poder a las imágenes del templo. Si una persona no esculpe la piedra, no puede convertirse en imagen. Si no hay alguien que la instale en un templo, no se puede santificar. Y si la gente no adora la imagen, su poder no puede crecer. Sin el esfuerzo humano no habría ningún templo; pero la imagen de un templo que haya sido instalada por un maestro espiritual auténtico, que haya alcanzado la unidad con Dios y sea por tanto igual a Dios, tendrá un poder muy especial.

En la antigüedad no había templos. Solo existía el linaje de los gurús y los discípulos. La adoración en el templo es para personas corrientes. Enseñamos a los niños ciegos mediante Braille. Puede que nos preguntamos por qué se hace eso. ¿Por qué no les enseñamos como a los demás niños? No es posible porque a los que no pueden ver hay que enseñarles de una manera más adecuada para ellos. Del mismo modo, la gente de esta época necesita el culto

El templo

en el templo para poder concentrar la mente en Dios.

No hace falta construir grandes torres nuevas para restaurar la santidad de un templo. Lo importante es que se realice un culto regular según la tradición, que haya *satsangs* [discursos espirituales], cantos devocionales, etc. Lo que llena el ambiente del templo de energía espiritual no son los rituales o las ceremonias, sino la fe y la devoción de la gente. Recordadlo cuando os involucréis en las actividades de los templos.

El maestro espiritual

Los áshrams y los *gúrukulas* son los pilares de la cultura espiritual de la India. Si hacemos práctica espiritual siguiendo los consejos de un *sátguru* no hace falta que vayamos a ningún otro lugar. Obtendremos del maestro todo lo que necesitemos.

Solo evolucionaremos espiritualmente si consideramos a nuestro maestro espiritual una manifestación de Dios. No debemos aceptar que nadie sea nuestro maestro mientras no estemos plenamente convencidos de que es auténtico y veraz. Sin embargo, cuando hayamos elegido a alguien como nuestro maestro debemos entregarnos completamente a él. Solo entonces será posible el progreso espiritual. La devoción a un maestro implica la entrega total a él.

El maestro espiritual

A excepción de los casos infrecuentes de personas que nacen con unas inclinaciones espirituales muy fuertes heredadas de sus vidas anteriores, el conocimiento del Ser no es posible sin la gracia de un maestro verdadero. Pensad que el maestro es una manifestación de Dios en este mundo. Tomaos todas sus palabras como una orden y obedecedle incondicionalmente. Ese es el verdadero servicio al maestro y la forma más elevada de ascetismo. Las bendiciones del maestro fluyen espontáneamente hacia el discípulo obediente.

El maestro verdadero no está limitado al cuerpo. Cuando améis al maestro desinteresadamente, podréis verlo no solo en su cuerpo sino en todos los lugares del mundo, en todos los seres vivos y todos los objetos inertes. Aprended a ver a todos los individuos como formas vivientes del maestro, y servidlos como tal.

El áshram es el cuerpo de la Madre. Siempre que hacéis algún servicio para el áshram, lo estáis haciendo para la Madre. El áshram no es propiedad privada de nadie. Es un medio para proporcionar paz y armonía al mundo entero.

Quienes reciben un mantra de la Madre deben llevar una vida disciplinada y ordenada. Deben dejar todas sus malas costumbres, como las drogas, fumar y beber. Deben ser célibes hasta el matrimonio y, una vez casados, deben seguir viviendo siguiendo los consejos de la Madre. Hijos míos, debéis contarle todo a vuestro maestro espiritual. No tengáis ningún secreto con él. El discípulo debe sentir el mismo amor y apego al maestro que un niño siente por su madre. Solo entonces progresará espiritualmente.

La Madre siente que todos son sus hijos. A los ojos de la Madre, ningún defecto de ninguno de sus hijos es grave. Sin embargo, como la Madre también es una *gurú*, es esencial que los discípulos se comporten correctamente para que puedan progresar. La Madre les perdonará todos los errores; pero hay determinadas leyes de la naturaleza, como las leyes *kármicas*, que hacen que las personas sean castigadas por sus pecados. Mantened la actitud de que todas las experiencias de dolor y sufrimiento favorecen vuestro crecimiento espiritual.

El servicio

Simplificad vuestras necesidades vitales y utilizad todo el dinero que ahorréis para hacer donativos. Es bueno colaborar con proyectos benéficos. Podéis, por ejemplo, donar algo de dinero para la publicación de libros espirituales. Después los libros se pueden vender más baratos para que las personas que no tengan mucho dinero puedan comprarlos. De esa manera podemos contribuir a fomentar los valores espirituales de la gente.

Intentad pasar por lo menos una hora al día realizando algún servicio a los demás. Igual que el alimento que comemos nutre el cuerpo, el servicio desinteresado alimenta el alma. Si no tenéis tiempo todos los días, reservad al menos unas horas cada semana para hacer algún servicio valioso a los demás.

El servicio

No es bueno dar dinero a los mendigos. En cambio, dadles comida y ropa porque pueden usar mal el dinero que les deis gastándolo en alcohol o drogas. No les deis ocasión de equivocarse. Intentad no verlos como mendigos, sino como Dios. Dad gracias a Dios por ofreceros la oportunidad de servirle de ese modo. Es mejor no darle comida a un mendigo que servirle comida estropeada en un plato sucio. Nunca deis nada con desprecio. Las palabras y las acciones amorosas son la limosna más valiosa.

Es propicio realizar ceremonias en un templo o un áshram para celebrar los momentos importantes de la vida, como por ejemplo el bautizo de un niño, la primera toma de alimento sólido, el comienzo de los estudios o la boda. En esas ocasiones se puede dar comida y ropa a los pobres. Los gastos de la boda deben ser mínimos. El resto del dinero se puede utilizar para cubrir los gastos de boda de una chica pobre o los estudios de un niño.

La renuncia debe formar parte de nuestra vida. Si estáis acostumbrados a compraros diez trajes nuevos cada año, compraos uno menos este año y dos menos el año siguiente. Así, poco a poco reduciréis vuestro vestuario hasta lo que verdaderamente necesitéis. El dinero que ahorrarían así diez bastaría para construirle una casa a un discapacitado o un necesitado (en la India). Eso a su vez puede animar al beneficiario a volverse una persona espiritual. Los demás también cambiarán al ver vuestro altruismo y vuestra forma de vida virtuosa. Reducid los lujos, no solo en ropa sino también en todo lo demás, y utilizad el dinero que ahorréis para fines benéficos.

El servicio

Reservad una parte de vuestros ingresos y utilizadla para ayudar a los demás. Si no es posible darles dinero directamente a los necesitados, se puede dar a un áshram o a una organización espiritual dedicada a actividades benéficas. Podríais, por ejemplo, llevar una publicación espiritual a bibliotecas públicas, incluyendo bibliotecas escolares y universitarias. Vuestro desinterés y compasión no solo ayudarán a los demás sino que también expandirán vuestra mente. La persona que recoge una flor para usarla como ofrenda es la primera que disfruta de su belleza y fragancia. Del mismo modo, nuestras acciones altruistas ayudan a que se despierte el Espíritu en nuestro interior. Nuestra respiración, cargada de buenos pensamientos, beneficiará a los demás, así como a toda la naturaleza.

Cuando estáis sirviendo al mundo desinteresadamente, estáis sirviendo a la Madre.

Karma yoga

El camino de la acción

Por muy elevada que sea vuestra posición en la vida, tened siempre la actitud de que solo sois servidores de vuestros semejantes. Pensad que Dios os ha colocado en una posición privilegiada como una oportunidad para ayudar a los necesitados. Entonces la humildad y la modestia nacerán espontáneamente en vuestro corazón. Cuando trabajáis con la actitud de estar sirviendo a Dios, el trabajo se convierte en una práctica espiritual. Sed amables y cariñosos con todos en vuestro lugar de trabajo, tanto los superiores como los subordinados. La manera en que tratáis a los demás determina la forma en la que el mundo os trata a vosotros.

Cuando un superior os llame la atención, pensad que es una oportunidad que Dios os ofrece para eliminar el ego y descartad cualquier sentimiento de hostilidad que pueda surgir en vosotros. Igualmente, si tenéis que tratar con severidad a un subordinado, prestad atención para que no surja en vosotros ira o resentimiento. A los ojos de un verdadero aspirante espiritual, los superiores, los subordinados y los compañeros son diferentes formas de Dios.

Nunca penséis que solamente estáis trabajando para vuestro jefe o para una empresa. Realizad vuestro trabajo con la actitud de que estáis sirviendo a Dios. Así, vuestro trabajo no consistirá meramente en dedicar un tiempo a ganar un salario; haréis vuestro trabajo con dedicación y atención. La primera cualidad que tiene que cultivar un aspirante espiritual es una *shraddha*[4] [dedicación total y atención plena a la tarea que se tiene entre manos] perfecta.

Siempre debemos estar dispuestos a hacer más trabajo del que estamos obligados a hacer. Solo ese trabajo adicional, que se realiza sin buscar alabanza o recompensa, cuenta como servicio desinteresado.

Colocar una foto de vuestra Deidad Amada o vuestro maestro espiritual en un lugar claramente visible de vuestro lugar de trabajo os ayudará a mantener la mente centrada en Dios. No tenéis que avergonzaros de ello. Vuestro buen ejemplo les servirá de modelo a los demás.

---

[4] En sánscrito, la palabra *shraddha* significa una fe enraizada en la sabiduría y la experiencia, mientras que el mismo término en malayálam significa una atención consciente en todas las acciones. La Madre a menudo usa el término en este último sentido.

«Soy una persona importante. ¿Cómo puede alguien como yo, con una posición tan importante en la sociedad, ir al templo y rendir culto entre empujones de toda esa gente? ¿No sería humillante?» Esta clase de pensamientos proceden del ego. Si la sociedad nos da un certificado que dice lo importantes que somos, no ganamos nada con ello. Lo que necesitamos es un certificado de Dios.

Debemos hacer un esfuerzo constante para repetir mentalmente nuestro mantra mientras realizamos cualquier clase de trabajo. Solo las acciones que se hacen recordando a Dios, o las acciones que se ofrecen a Dios, se pueden considerar verdadero *karma yoga*. El trabajo que se realiza con la actitud de que es obra de Dios no produce ninguna atadura. Estemos donde estemos, repitamos siempre el nombre divino y rindamos homenaje a Dios y al maestro espiritual.

Sátsang

Compañía espiritual

Si en lugar de perder el tiempo chismorreando o viendo películas os reunís en un templo o un áshram para hacer *sátsang* y cantos devocionales, no solo os beneficiaréis vosotros sino también a vuestro entorno. O podéis sentaros en soledad a meditar o cantar himnos. No dudéis en invitar a amigos y compañeros de trabajo cuando hagáis un *sátsang*.

Adquirid la costumbre de reuniros con otros devotos una vez por semana para recitar árchana, cantar *bhajans* [cantos devocionales] y meditar en el mismo sitio o por turnos en diferentes casas. Si dais frutas o dulces como *prasad* [ofrendas bendecidas], los niños también se animarán a asistir a esas reuniones. La

Sátsang

cultura espiritual que adquieran en la infancia permanecerá con ellos toda la vida. Los que participen en el *sátsang* también pueden comer juntos. Eso fortalecerá vuestro sentido de unidad y de ser una familia espiritual. La adoración y el árchana que hacéis reducirán al mínimo cualquier daño que pueda surgir por influencias planetarias maléficas y también purificará la atmosfera. Participando en *sátsangs* llenaréis la mente de pensamientos sobre Dios.

El hogar

Que Dios forme parte de todos los aspectos de la vida. Los que no puedan permitirse destinar una habitación solo al culto pueden, al menos, reservar parte de una habitación para el *mantra japa*, la meditación y el estudio espiritual. Ese lugar solo debe utilizarse para la práctica espiritual. No hay que relegar a Dios al hueco de debajo de la escalera. Debemos vivir como sirvientes de Dios y no poner nunca a Dios en el lugar de un sirviente.

Durante la puesta del sol hay que encender una lámpara llena de mantequilla clarificada o cualquier aceite vegetal. Todos los que viven en casa deben reunirse frente a la lámpara para cantar himnos y meditar. No hay que obligar a nadie a participar. No os preocupéis si alguien se niega a hacerlo. Antiguamente, en

El hogar

---

la India era una práctica habitual rezar juntos durante la puesta de sol en todos los hogares. Actualmente, ese culto está pasando de moda y sufrimos las consecuencias de ese desinterés. En la unión del día y la noche el ambiente es impuro. Meditando y cantando cantos devocionales al anochecer, la mente se concentra, lo que purifica tanto la mente como el ambiente. En cambio, si en ese rato nos dedicamos a jugar, divertirnos y charlar superficialmente, las vibraciones mundanas nos contaminarán aún más la mente.

Hay que intentar cultivar siempre una visión de unidad y no de diversidad. En la sala de meditación no hace falta poner más que las imágenes de las Deidades Amadas y el maestro espiritual de la familia. Hay que limpiar la habitación todos los días y quitar el polvo de las imágenes.

Algunas personas tienen imágenes especiales de dioses y diosas que cuelgan en las paredes en festividades como el cumpleaños de Krishna y Shivaratri. Eso está bien. La leche tiene diferentes nombres en distintos idiomas. Sea cual sea el nombre, el sabor y el color no varían; es la misma substancia. Aunque a Dios se Le llame con muchos nombres, solo es Uno.

Es bueno poner una imagen de vuestro maestro espiritual o vuestra Deidad Amada en un lugar visible de cada habitación. Quitarle el polvo todos los días intensificará vuestra *shraddha* [atención] y vuestra devoción.

En el pasado, en todas las casas de la India había una planta sagrada de *túlasi* plantada en un lugar especial. También era una práctica habitual cultivar flores aromáticas para el culto diario. Actualmente, esas plantas se han sustituido por plantas decorativas y cactus. Eso refleja un cambio en la disposición interior de la gente. La planta de *túlasi* y el árbol de *bilva* se consideran sagrados y se cree que traen prosperidad a la casa donde se cultivan y se veneran. Hay que regarlos todos los días y, siempre que salgamos o volvamos a casa, debemos saludar a esas plantas. Hace mucho tiempo, las personas tocaban con veneración a la Madre Tierra antes de poner los pies en el suelo al levantarse por la mañana. Se postraban ante el sol naciente como encarnación de la Divinidad y dador de vida. Percibían la esencia de Dios en todo. Debido a esa actitud, estaban tranquilos, alegres y gozaban de buena salud.

La planta de *túlasi* y muchas de las flores aromáticas que se emplean en el culto tienen propiedades medicinales. Si se cultivan cerca de casa purifican el ambiente. Quienes tengan suficiente terreno alrededor de casa pueden plantar un pequeño jardín de flores. Recitad siempre vuestro mantra mientras cuidáis el jardín. Saber que las flores son para el culto os ayudará a mantener la mente centrada en Dios.

Todas las familias deben destinar una parte de su terreno a cultivar árboles y plantas. Eso purificará el ambiente y mantendrá la armonía de la naturaleza. En la antigüedad, cada casa tenía una arboleda y un estanque anexos. Eso beneficiaba a todos los que vivían alrededor.

El carácter propicio de una casa no se debe a su brillo exterior, sino a su limpieza. Prestad atención diariamente a mantener vuestra casa y sus alrededores impecablemente limpios. No creáis que es solo una tarea de mujeres o de

El hogar

alguna persona en particular. Todos los de la familia deben trabajar juntos para mantener la casa limpia. Las costumbres tradicionales, como no entrar en casa con zapatos y dejar agua fuera para que la gente se pueda lavar los pies antes de entrar, ayudan a fomentar un sentido de veneración espiritual por el hogar.

Tratad a los empleados domésticos con dignidad. No hiráis su amor propio y no les deis de comer las sobras. Hay que tratarlos como a nuestros propios hermanos y hermanas.

Pensad en la cocina como un lugar de culto. Hay que mantenerla limpia y ordenada. Por la mañana, duchaos siempre antes de empezar a cocinar. Recitad vuestro mantra mientras hacéis la comida, como una ofrenda a Dios, e imaginad que Él recibe la esencia del alimento antes de que se sirva en la mesa. Antes de acostaros, hay que lavar toda la vajilla y barrer el suelo de la cocina. Tened cuidado de no dejar ningún alimento sin tapar.

Es una buena costumbre que los padres les den una cucharada de comida a los hijos al empezar a comer. Aumentará el amor y el cariño mutuo en la familia. En los viejos tiempos, en la India, la esposa se comía las sobras del plato de su marido, considerando que era *prasad* de Dios. En aquellos días, la esposa veía al marido como una forma visible de Dios. ¿Dónde se puede encontrar una relación así en nuestros días? A todos los hombres les gustaría tener una esposa como Sita, la esposa pura y perfecta del Señor Rama, pero nadie se pregunta si él mismo vive como Rama, que era la encarnación de todas las virtudes nobles.

Si tenéis una mascota, nunca debéis comer antes de haberle dado de comer. Percibid a Dios en todos los seres vivos y dad de comer a vuestros animales con esa actitud.

Todos los miembros de la familia deben participar en las tareas domésticas. Eso alimentará el amor mutuo. Los hombres no deben evitar el trabajo en la cocina pensando que solo es para las mujeres. A los niños pequeños también hay que asignarles tareas que puedan realizar.

Un estilo de vida sencillo

Cultivad la abnegación y reducid vuestras comodidades todo lo que podáis. Intentad llevar una vida sencilla, reduciendo al mínimo vuestras posesiones personales. Un aspirante espiritual no debe ser un buscador de placeres.

Prestando un poco de atención, una persona puede ahorrar muchísimo dinero que de otra manera habría gastado comprando o construyéndose una casa grande y lujosa. La gente gasta a menudo así todo lo que ha ahorrado y acaba teniendo deudas. Es mejor vivir en una casa modesta prescindiendo también de otros lujos. Si deseáis construir o comprar una casa que cueste una fortuna para una familia de solo cuatro o cinco personas, recordad que hay innumerables personas sin hogar, familias desamparadas que pasan noches al raso con frío y lluvia.

Es mejor no llevar ropa con estampados brillantes y colores llamativos para no llamar demasiado la atención. Cuando los demás se fijan en nosotros, nuestra propia atención se distrae. Hay que intentar vestir con sencillez y cultivar un estilo de vida simple. Las mujeres deben abandonar su deseo de tener joyas. Las buenas palabras y las buenas obras son las verdaderas joyas de la vida.

No tiréis la ropa vieja. Lavadla y dádsela a los que no se pueden permitir comprar ropa.

Actuad siempre sin desear los resultados de vuestras acciones. Las expectativas son la causa de todos los pesares. Dedicad vuestra vida a Dios y confiad en que Él os protegerá. Si vivís en familia y lo hacéis con la actitud correcta, podéis aprender a entregaros completamente a Dios. Tenemos que darnos cuenta de que nuestra esposa o marido y nuestros hijos no nos pertenecen y que nosotros tampoco les pertenecemos a ellos. Sabed, sin ninguna duda, que todo le pertenece solo a Dios. Entonces Él os librará de todas vuestras cargas. Os dará la mano y os llevará hasta la meta.

La comida

Ni un grano del alimento que comemos se hace exclusivamente con nuestro propio esfuerzo. Lo que nos llega en forma de comida es el trabajo de nuestros hermanos y hermanas, la generosidad de la naturaleza y la compasión de Dios. Aunque tengamos millones de dólares, necesitamos comida para saciar nuestra hambre. Al fin y al cabo, no podemos comer dólares. Por eso, nunca hay que comer nada sin rezar primero con un sentimiento de humildad y agradecimiento.

Siempre hay que estar sentado mientras se come. No hay que estar de pie o caminar durante la comida.

Mientras comáis no os fijéis solo en el sabor de la comida. Imaginad que vuestra Deidad Amada o vuestro maestro espiritual está presente en vuestro interior, y que le estáis dando de comer. Si estáis dando de comer a un niño, imaginad que le estáis dando de comer a vuestra Deidad Amada. Así comer se convertirá en un acto de adoración. No habléis mientras coméis. Toda la familia debe comer junta siempre que sea posible. Tomad un poco de agua en vuestra mano derecha y recitad el mantra *bhójana*[5] o vuestro propio mantra. Después haced tres círculos con la mano sobre la comida en el sentido

---

[5] Om Brahmárpanam Brahma havir
Brahmagnau Bráhmana hutam
Brahmaiva tena gantavyam
Brahma karma samádhina
Om shanti shanti shántihi
Brahman es la oblación. Brahman es la ofrenda. La oblación es vertida por Brahman en el fuego de Brahman. Quien ve a Brahman en todas las acciones llegará a Brahman.

La comida

de las agujas del reloj y bebeos el agua. Cerrad los ojos y orad unos instantes: «Oh Dios, que esta comida me dé fuerza para hacer tu trabajo y llegar a ti».

Repetid siempre mentalmente vuestro mantra mientras coméis. Eso purificará al mismo tiempo la comida y vuestra mente.

La actitud mental de la persona que hace la comida se trasmite a los que la comen. Por eso, siempre que sea posible, la madre debe cocinar para toda la familia. Si recita su mantra mientras cocina, el alimento beneficiará espiritualmente a todos.

Considerad que la comida es la diosa Lakshmi [la diosa de la prosperidad] y recibidla con devoción y veneración. La comida es Brahman [el Ser Absoluto]. Mientras comáis nunca habléis de los defectos ni las limitaciones de nadie. Comed como si fuera el *prasad* [un regalo bendecido] de Dios.

No se puede controlar la mente sin controlar el deseo de sabores. Hay que elegir comida que sea sana y no comida sabrosa. Sin renunciar al sabor de la lengua no podréis experimentar el sabor definitivo del florecimiento de vuestro corazón.

Aquellos que hagáis práctica espiritual debéis comer solo comida vegetariana que sea sencilla y fresca [comida *sáttuica*]. Es bueno evitar la comida demasiado salada, dulce, picante o agria. La esencia sutil de la comida que

La comida

comemos determina la naturaleza de la mente. Una comida pura crea una mente pura.

El desayuno debe ser ligero. Si podéis hacerlo, es mejor no desayunar. Comed la cantidad que queráis en el almuerzo y tomad solo una cena ligera por la noche.

No llenéis el estómago completamente. Dejad una cuarta parte vacía. Eso ayudará al cuerpo a digerir la comida adecuadamente. Si coméis hasta apenas poder respirar, estaréis dañando el corazón.

Comer demasiado no solo perjudica la práctica espiritual, sino que también es malo para la salud. Dejad de picar entre horas siempre que os apetezca. Comer a horas fijas es bueno para la salud y para el control de la mente. Comed para vivir, no viváis para comer.

Durante el fin de semana, es una buena práctica ayunar un día o comer una sola comida ese día, hacer *mantra japa* y meditar en casa o un áshram. Pasar poco a poco de comer una sola comida a ayunar completamente una vez a la semana mejora la práctica espiritual y también es bueno para la salud. Si no podéis ayunar completamente, ese día comed solo fruta. También es bueno ayunar los días de luna llena y de luna nueva.

No comáis al crepúsculo. No es un buen momento para llenar el estómago. En las antiguas epopeyas se dice que el Señor Vishnu mató al demonio Hirányakshipu al crepúsculo. El aire es más impuro que a cualquier

La comida

otra hora, por lo que en ese momento hay que repetir el nombre de Dios y llenar la mente de comida divina.

Es bueno tomar un purgante dos veces al mes para limpiar completamente el intestino, especialmente los que hacen práctica espiritual. La acumulación de heces en el cuerpo dificulta la concentración y contamina los pensamientos.

La Madre no les pide a los que comen carne y pescado que dejen de hacerlo inmediatamente; pero es bueno para la práctica espiritual ir adoptando gradualmente una dieta puramente vegetariana. Es muy difícil deshacerse de un hábito de golpe. Estudiad la mente y ponedla poco a poco bajo control.

Todo el mundo sabe que fumar y beber perjudica a la salud. Aun así, a la mayor parte de las personas que tienen esos hábitos les cuesta abandonarlos. ¿Cómo puede alguien que no es capaz de liberarse de las garras de un cigarrillo aspirar al Conocimiento del Ser? Los que no puedan dejar de fumar inmediatamente, pueden intentar masticar un sustituto, como cardamomo o regaliz, o pueden beber un sorbito de agua cada vez que tengan ganas de fumar. Si lo intentáis de corazón, podéis dejar de fumar o cualquier otra mala costumbre en poco tiempo.

El té y el café pueden estimularos temporalmente, pero convertirlos en un hábito es malo para la salud. Así que dejadlos también.

La comida

Hijos míos, si tenéis la costumbre de beber alcohol, debéis tomar la firme decisión de dejarlo. El alcohol perjudica la salud, debilita la mente, os arruina económicamente y destruye la paz de la familia. No bebáis alcohol para complacer a vuestros amigos.

No consumáis estupefacientes de ninguna clase. Servid al mundo en lugar de arruinaros la salud fumando y bebiendo. El dinero que se malgasta en esas cosas se puede dedicar a muchas causas que valen la pena. Con el dinero que gastáis en tabaco, podríais comprarle una pierna ortopédica a una persona desamparada que haya perdido una pierna; podríais pagarle a alguien una operación de cataratas, o comprarle una silla de ruedas a una persona paralítica. Podríais incluso comprar libros espirituales para la biblioteca local.

Cada vez que dejáis que la comida se estropee o la tiráis a medio comer, hacéis daño a la sociedad. Pensad en cuántas personas sufren porque no pueden permitirse ni una comida al día. ¿Podemos darnos un festín suntuoso y disfrutarlo si nuestro vecino se está muriendo de hambre? Debemos ayudar a los pobres todo lo que podamos. Dar de comer al hambriento no es ni más ni menos que adorar a Dios.

La vida conyugal

El marido y la esposa deben amarse y servirse mutuamente, viendo a Dios en el otro. Así serán la pareja ideal, modelos a seguir para sus hijos y los demás.

El marido y la esposa deberían hacer el culto junto, meditar, hacer *mantra japa* y leer textos espirituales. Deben servir al mundo desinteresadamente y convertir su casa en un áshram. De ese modo, progresando juntos en la práctica espiritual, alcanzarán sin duda la liberación.

El marido y la esposa no deben ponerse trabas el uno al otro en el camino espiritual. Nunca dejéis la búsqueda espiritual, aunque vuestro cónyuge la desapruebe. Sería igualmente un error dar la espalda a vuestras obligaciones en nombre de la práctica espiritual. La Madre ha visto a muchas personas hacerlo y no está bien. Cuando tengáis que llevar a cabo una tarea, debéis hacerla manteniendo la mente en Dios. Si meditáis cuando deberíais estar trabajando, no progresaréis. Evitad causarle cualquier dolor a vuestra pareja, aunque esté en contra de vuestra práctica espiritual. Si es el caso, mientras realizáis las tareas de la familia pedidle a Dios que produzca un cambio en el corazón de vuestro ser amado.

Una pareja debe abstenerse de mantener relaciones sexuales al menos dos o tres días a la semana. Intentad llegar gradualmente a practicar el celibato la mayor parte de los días. No mantengáis relaciones sexuales los días de luna llena y luna nueva, ni cuando la mujer tiene el período. Después de haber tenido uno o dos hijos, cultivad la fuerza de voluntad necesaria para vivir como hermano y hermana. Es esencial si queréis obtener todo el beneficio de la práctica espiritual y progresar en el camino.

Cada vez que tengáis relaciones sexuales, debéis haceros la pregunta: «Oh, mente, ¿de dónde viene este placer? ¿No consume solo mi energía?» El placer que se obtiene por medios distintos al control mental debilita el cuerpo. La relación entre el marido y la esposa debe convertirse en un amor puro de corazón, libre de deseo. Intentad progresar en el camino de la virtud, manteniendo la mente concentrada solamente en el Ser Supremo.

Basta con tener un hijo, o dos como mucho, pero no más. El tener menos hijos facilita criarlos con atención. Las madres deben amamantar a sus bebés. Repetid mentalmente el nombre de Dios mientras cuidáis de vuestro bebé y rezad: «Oh Dios, cría a este niño para que sirva al mundo. Este niño es tuyo. Dale cualidades nobles». Entonces el niño será inteligente y tendrá éxito en la vida.

Un hombre casado no debe mantener relaciones con otras mujeres, ni una mujer casada salir con otros hombres.

Cuando hay un desacuerdo en la familia, estad dispuestos a hablar del asunto y resolver el problema ese mismo día en lugar de aplazarlo. Es fácil devolver amor cuando recibes amor, eso no tiene ningún mérito. Intentad también dar amor a los que os odian. Esa es la única manera real de medir nuestra grandeza. Solo cuando seamos capaces de perdonar a los demás y aceptar sus defectos y limitaciones reinará la

La vida conyugal

paz en la familia. Para modelar correctamente el carácter de un niño es esencial que los padres lleven una vida ejemplar. ¿Cómo van a poder criar los padres a sus hijos de manera adecuada si no les dan un buen ejemplo a seguir?

Los hijos que han sido concebidos durante el crepúsculo pueden nacer mentalmente deformes. Los pensamientos mundanos están en el punto más álgido en ese momento y por eso a la hora del crepúsculo son más necesarios que nunca el culto, el árchana, el *mantra japa* y la meditación.

Desde el tercero o cuarto mes de embarazo, se debe practicar un celibato riguroso. Evitad cualquier conversación, película o revista que levante pasiones y deseos mundanos. Leed libros espirituales, meditad y recitad vuestro mantra todos los días. Las ondas del pensamiento y las emociones de una mujer embarazada ejercen una profunda influencia sobre el carácter del niño que lleva en el vientre.

La crianza de los hijos

Hasta los cinco años, los niños deben recibir muchísimo amor. De los cinco a los quince años, hay que criarlos con una disciplina estricta, especialmente en relación con sus estudios. En esa época es cuando se forma la base de la vida. El amor sin disciplina solo los malcriará. Después de los quince años hay que darles todo el amor que se pueda, porque de lo contrario se pueden descarriar.

Muchos adolescentes le han contado a la Madre que han ido por mal camino porque en casa no recibían amor. Durante la adolescencia, cuando anhelan amor, sus padres a veces les riñen o les castigan severamente para inculcarles disciplina. No permiten que sus hijos adolescentes se les acerquen, y mucho menos les muestren el mínimo amor o cariño.

Ser excesivamente afectuoso y permisivo con los hijos en la edad en la que necesitan aprender disciplina, los malcriará y los volverá perezosos e indiferentes en relación con los estudios. En cambio, cuando son mayores no hay que reñirles severamente. Hay que señalarles los errores y corregirlos con razonamiento y lógica.

Los padres deben empezar a enseñarles espiritualidad a sus hijos a una edad temprana. Aunque adquieran malos hábitos cuando crezcan, las buenas impresiones que recibieron en la infancia permanecerán latentes en el subconsciente y a su debido tiempo los devolverán al camino correcto.

No insultéis o habléis mal de nadie delante de un niño, porque este os imitará. La riqueza puede llegar hoy e irse mañana, pero el buen carácter dura toda la vida. Por eso, las personas pudientes deben asegurarse de que sus hijos crezcan humildes y autosuficientes.

A los niños hay que enseñarlos a ser humildes con sus profesores y con todos los maestros espirituales. El aprendizaje, especialmente el de naturaleza espiritual, solo da fruto si se planta en el suelo de la humildad. Algunos piensan que un niño que va al colegio no necesita hacer nada más, pero eso no es cierto. Solo una educación de colegio no es ni de lejos suficiente como preparación para la vida. El niño también debe aprender a ayudar a sus padres en todas las tareas de la casa.

Hubo un tiempo en el que los hijos mostraban amor y respeto a sus padres y sus mayores[6]. Esa tradición se ha perdido en su mayor parte. Los padres deben dar ejemplo a sus hijos siendo cariñosos y respetuosos con sus propios padres. ¿Cómo puede esperarse que un niño le muestre ningún respeto a sus padres si estos están descuidado a sus propios padres y no les muestran ningún respeto? Los padres siempre deben dar ejemplo para que sus hijos lo imiten.

Antes de salir de casa para algún recado, presentad vuestros respetos a vuestros mayores. Los hijos deben adoptar la costumbre de despedirse de sus padres antes de ir al colegio

---

[6] En la India, se acostumbra a tocar con ambas manos los pies de los padres, los mayores, los monjes y el *gurú* para mostrarles respeto. Antiguamente eso era lo primero que hacían todos los hijos en todas las casas al levantarse por la mañana o cuando salían de casa para ir al colegio.

por la mañana. La modestia y la humildad son lo que atrae la gracia de Dios hacia nosotros.

La madurez mental de un niño depende de la educación que le den los adultos que lo rodeen. Los padres, y cualquier otra persona mayor de la casa, deben prestar una gran atención a la educación de los niños. Los que tienen estudios deben ayudar al niño todo lo que puedan con las tareas escolares. No dejéis toda la responsabilidad a los profesores. Si vuestros hijos tienen compañeros de colegio que viven en el vecindario, podéis invitarlos y darles clase a todos juntos. Eso es lo que los buenos vecinos deben hacer. Nunca os alegréis del fracaso de los hijos de los vecinos deseando que solo vuestro hijo saque las notas más altas.

Los niños deben respetar a las personas mayores. Deben levantarse cuando los mayores entren en la habitación y sentarse solo cuando esos hayan tomado asiento. Deben contestarles con educación y hacer lo que les digan. No deben burlarse de ellos, elevar la voz o discutir con ellos. Todo eso es esencial para el bienestar de la familia. Igualmente, cuando un niño pequeño pida permiso para salir, los adultos se lo deben dar con un beso cariñoso. El niño o la niña debe sentir que se le quiere. El amor hacia nuestros hijos no debe ser como miel enterrada en lo más profundo de una piedra.

Los padres que a la hora de acostarse les cantan nanas y les cuentan cuentos a sus hijos deben usar canciones e historias espirituales. Eso ayudará a los niños a mantener la mente en Dios y la cultura espiritual se arraigará profundamente en su subconsciente. También deben ser selectivos al elegir los libros que les den para leer.

Hay que criar a los niños explicándoles su cultura y enseñarles a estar orgullosos de ella. Hay que ponerles nombres que reflejen su cultura y que nos recuerden a Dios y a los maestros espirituales. Colmad a los niños de nociones de Dios desde una edad temprana contándoles historias sobre las encarnaciones divinas y los santos. En la India hubo un tiempo en el que a todos se les enseñaba sánscrito, el idioma de las escrituras, desde muy pequeños. Eso ayudaba a la gente a absorber las semillas de la espiritualidad desde los primeros años de vida. Incluso los que no estudiaban las escrituras directamente llevaban una vida basada en los principios espirituales porque se relacionaban con personas que habían estudiado las escrituras.

Vanaprastha

La jubilación

Cuando los niños hayan crecido y puedan cuidar de sí mismos, los padres deben marcharse a un áshram y llevar una vida espiritual, trabajando para su progreso espiritual por mediante la meditación, el *mantra japa* y el servicio desinteresado. Para que esa transición vital sea posible, es importante cultivar un fuerte apego a Dios, y solo a Dios, desde el principio de nuestra vida espiritual. Sin ese vínculo espiritual, la mente se aferra a sus ataduras: primero a los hijos, después a los nietos y así sucesivamente. Esa clase de aferramiento es inútil para nosotros y para nuestros hijos. Si dejamos que siga, desperdiciaremos nuestra vida. Por el contrario, si pasamos la vida realizando prácticas espirituales, el poder espiritual que obtengamos de esa manera nos ayudará

Vanaprastha

a nosotros y al mundo. Por tanto, cultivad el hábito de apartar la mente de las infinitas cosas del mundo y volvedla hacia el interior, hacia Dios. Si vertemos el mismo aceite una y otra vez en diferentes recipientes, perderemos parte del aceite cada vez que lo hagamos. De la misma manera, si apegamos la mente a muchas cosas perderemos el escaso poder espiritual que podamos tener. Cuando recogemos el agua en un depósito, llegar a todos los grifos por igual. Del mismo modo, al mantener la mente constantemente en Dios mientras hacemos cualquier trabajo, el beneficio que conseguimos llega a todos los miembros de la familia. La meta última de la vida no debe ser acumular riqueza para nosotros y nuestros hijos. El objetivo de la vida debe ser centrarnos en nuestro desarrollo espiritual.

Miscelánea

Aunque perdáis un millón de dólares, lo podréis recuperar; pero si perdéis un segundo, nunca lo podréis recuperar. Cada momento que pasáis sin recordar a Dios se pierde irremediablemente.

El alma es Dios. La auténtica austeridad consiste en realizar nuestras acciones con la conciencia ininterrumpida de Dios.

La meditación y la repetición de un mantra no son las únicas formas de práctica espiritual. El servicio desinteresado también es una práctica espiritual y es el camino más fácil para que se produzca el desarrollo interior. Cuando compráis flores para un amigo, sois vosotros, vosotros mismos, los primeros que disfrutáis de su belleza y su aroma. De la misma manera, haciendo servicio desinteresado por los demás nuestro corazón se expande y nosotros mismos somos los primeros en sentirnos felices.

Practicar *pranayama* [control de la respiración] sin llevar una vida estrictamente célibe puede crear complicaciones. Solo hay que hacer *pranayama* bajo la supervisión de un verdadero maestro.

No miréis los defectos y los fracasos de los demás ni habléis sobre ellos. Intentad siempre ver solo lo bueno en todos. Si os herís la mano, no le echáis la culpa a la mano, sino que curáis la herida y la tratáis con mucho cuidado. Hay que servir a los demás con la misma intensidad, sin echarles la culpa por sus defectos.

Si pisáis una espina y se os clava en el pie, no os libraréis del dolor por mucho que lloréis. Tenéis que sacaros la espina y curaros la herida. Del mismo modo, es inútil llorar por las cosas ilusorias del mundo que os provocan dolor. Si, en cambio, lloráis por Dios, vuestra mente se purificará y obtendréis la fortaleza necesaria para superar todos los obstáculos. Así que, queridos hijos míos, entregadle todo a Dios y sed fuertes. Sed valientes.

Llorar por Dios no es una debilidad. Las lágrimas por Dios limpian las impurezas, que son los malos hábitos acumulados durante muchas vidas. Cuando una vela se está derritiendo, brilla más y con más esplendor, del mismo modo, vuestras lágrimas por Dios intensificarán y acelerarán vuestro crecimiento espiritual. En cambio, cuando lloráis por objetos mundanos o por el bien de vuestra familia, vuestra fortaleza disminuye y os debilitáis.

Sea cual sea la acción que estéis realizando, comprended que solo sois capaces de actuar gracias al poder de Dios. A menudo vemos señales de tráfico pintadas con pintura reflectante. Cuando la luz ilumina la pintura, esta la refleja y brilla. Del mismo modo, solo podemos funcionar mediante el poder de Dios. Solo somos instrumentos en manos de Dios.

Para contar todos los granos que hay en un puñado de arena o cruzar un río haciendo equilibrios sobre una cuerda floja, hace falta una gran cantidad de concentración y de atención. Hay que tener esa misma concentración y atención en todo lo que se hace.

Ahimsa [la no violencia] debe ser el voto de nuestra vida. Practicar *ahimsa* es abstenerse de hacer el mínimo daño a cualquier ser en pensamiento, palabra u obra.

Solo abriendo el corazón podemos encontrar el mundo dichoso de Dios en medio de este mundo lleno de dolor. Sin el espíritu del perdón y la humildad, no es posible conocer a Dios ni obtener la gracia del *gurú*. Hay que tener valor para perdonar a los demás, especialmente en situaciones en las que se está a punto de perder los estribos. Cuando se presiona el botón de un paraguas, se abre y os protege de la lluvia y del sol; pero, si el botón se niega a ceder, no sirve de nada. Cuando la semilla se hunde en la tierra, germina y se convierte en un árbol, e incluso se puede atar un elefante a ese árbol. Sin embargo, si la semilla se niega a abandonarse, si se niega a abandonar la cesta de las semillas y penetrar en la tierra, puede terminar de comida para ratones.

Hijos míos, si realmente amáis a la Madre, veréis a la Madre en todo y en todos y amaréis a todos como amáis a la Madre.

El conocimiento de Dios y el conocimiento de Sí Mismo son lo mismo. Conocer a Dios es tener un corazón tan expansivo que se ama todo y a todos por igual.

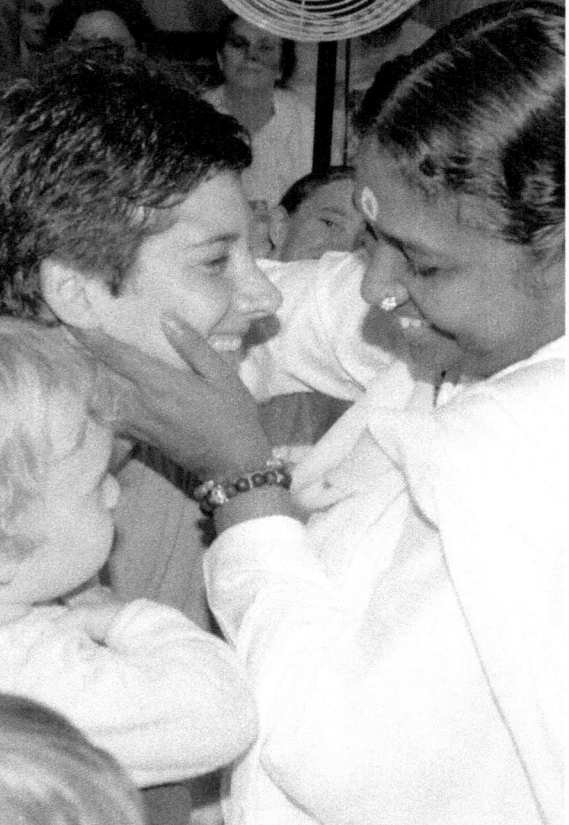

Glosario

Ahimsa: «No dañar; no violencia». Abstenerse de herir a ningún ser vivo mediante el pensamiento, la palabra o la acción.

Árchana: «Ofrenda en adoración». Una forma de culto en la que se recitan los nombres de una Deidad, por lo general ciento ocho, trescientas o mil veces, todos seguidos.

Áshram: «Lugar de esfuerzo». Un lugar en el que viven o que visitan los buscadores y los aspirantes espirituales para llevar una vida espiritual y dedicarse a la práctica espiritual. Suele ser la residencia de un maestro espiritual, un santo o un asceta que guía a los estudiantes.

Bhágavad Guita: «La Canción de Dios». Bhágavad = del Señor; Guita = canción, en especial una que contiene consejos. Las enseñanzas que el Señor Krishna impartió a Árjuna en el campo de batalla de

Kurukshetra al comienzo de la guerra del Mahabhárata. Es una guía práctica para la vida diaria y contiene la esencia de la sabiduría védica.

Brahman: La Realidad Absoluta; el Todo; el Ser Supremo, que abarca y permea todo y es Uno e indivisible.

Bhajan: Canción devocional.

Dharma: «Lo que sostiene el universo». *Dharma* tiene muchos significados, entre los cuales se encuentran: ley divina, ley de la existencia de acuerdo con la armonía divina, rectitud, religión, deber, responsabilidad, virtud, justicia, bondad y verdad. El término *dharma* designa los principios internos de la religión. El *dharma* último del ser humano es descubrir su Divinidad innata.

Gurú: «Quien elimina la oscuridad de la ignorancia». Maestro o guía espiritual.

Glosario

Ramáyana: «La vida de Rama». Uno de los poemas épicos más grandes de la India, que narra la vida de Shri Rama, escrito por Valmiki. Rama era una encarnación de Vishnu. Una gran parte de la epopeya describe cómo Sita, la esposa de Rama, fue secuestrada y llevada a Shri Lanka por Rávana, el rey demonio, y cómo fue rescatada por Rama y sus devotos.

Samsara: El mundo de la pluralidad; el ciclo del nacimiento, la muerte y el renacimiento.

Sannyasi o sannyásini: Monje o monja que ha hecho los votos formales de renuncia. Un/-a *sannyasin/-i* tradicional viste una tela de color ocre que representa la quema de todos los apegos.

Sátguru: Un maestro espiritual con el Conocimiento del Ser.

Sátsang: *Sat* = verdad, ser; *sanga* = relación con. Estar en la compañía de personas sabias y virtuosas. También un discurso espiritual pronunciado por un sabio o un erudito.

Sattua: Bondad, pureza, serenidad. Uno de los tres *gunas* o cualidades fundamentales de la naturaleza.

Shraddha: En sánscrito, *shraddha* es la fe arraigada en la sabiduría y la experiencia, mientras que el mismo término en malayálam significa dedicación a nuestro trabajo y mantener una conciencia atenta en todas las acciones. La Madre emplea a menudo el término en este último sentido.

Suryanamaskar: «Saludo al sol». Ejercicio yóguico que combina *ásanas* de yoga y *pranayama*.

Túlasi: Planta sagrada emparentada con la albahaca.

Vanaprastha: La etapa de la vida como ermitaño. En la tradición antigua de la India, hay cuatro etapas de la vida. Al principio se envía al niño o la niña a un *gúrukula*,

Glosario

donde vive como *brahmachari*. Después se casa y vive como padre o madre de familia, dedicado a la vida espiritual [*grihasthás-hrami*]. Cuando los hijos del matrimonio son lo suficientemente mayores para cuidar de sí mismos, los padres se retiran a una ermita o un *áshram*, donde llevan una vida puramente espiritual, haciendo práctica espiritual. Durante la cuarta etapa de la vida, renuncian completamente al mundo y viven como *sannyasis*.

Vásana: (De *vas* = viviente, residual) Las *vásanas* son las tendencias latentes o los deseos sutiles que hay en la mente y que tienden a manifestarse como acciones y hábitos. Las *vásanas* son los resultados acumulados de las impresiones de las experiencias [*samskaras*] que están en el subconsciente.

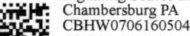
www.ingramcontent.com/pod-product-compliance
Lightning Source LLC
Chambersburg PA
CBHW070616050426
42450CB00011B/3067